Michael Möhring

Play
Xylophone
with letters

Michael Möhring Verlag

Copyright © 2017 Michael Möhring Verlag

All rights reserved.

Cover: © Nattaya - Fotolia.com

ISBN-13: 978-1973884491
ISBN-10: 1973884496

Table of Contents

A Londonderry Air	6
A Tisket A Tasket	8
Aloha Oe	9
Amazing Grace	10
Auld Lang Syne	11
Aura Lee	12
Baa Baa Black Sheep	13
Bajuschki baju (sleep little boy)	14
Beautiful Minka	15
Bingo	16
Bye, baby Bunting	17
Careless Love	18
Cock a doodle doo	19
Drunken Sailor	20
Five Little Ducks	21
Go down, Moses	22
Go, tell it on the Mountain	23
Goodnight, Ladies	24
Grand Prix Eurovision de la Chanson	25
Greensleeves	26
Here We Go Looby Loo	27
He's got the whole world in His hand	28
Hickety Pickety My Black Hen	29
Itsy Bitsy Spider	30
Jack and Jill	31
Jingle Bells	32
John Brown's Body	33
Kalinka	34

Kum Bah Yah	35
La cucaracha	36
Little Miss Muffet	37
Miss Polly Had a Dolly	38
My Bonnie is over the Ocean	39
O Mary had a little lamb	40
Oh my Darling, Clementine	41
Old MacDonald	42
On Top of Old Smoky	43
Row, Row, Row Your Boat	44
Silent Night	45
Spanish Romace	46
Sur le pond d'Avignon	47
The Farmer in the Dell	48
The Muffin Man	49
The Wheels On The Bus	50
There's a Hole in My Bucket	51
We wish you a merry Christmas	52
Whiskey in the Jar	53

Download	55

Note: Uppercase letters mean deep tones, lowercase letters are high tones.

A Londonderry Air

Traditional

Xylophone

Would God I were the ten-der ap-ple blos-som
E F G A G A d c A G F D

that floats and falls from off the twis-ted bough,
F A Bb c d c A F A G

to lie and faint with in your sil-ken bos-om, with-
E F G A G A d c A G F D C#

in your sil-ken bos - om, as that does now!
D E F G A Bb A G F G F

Or would I were a lit-tle burn-ish'd ap-ple
c d e f e e d c d c A F

6

| Bb | F | Bb | F | G7 |

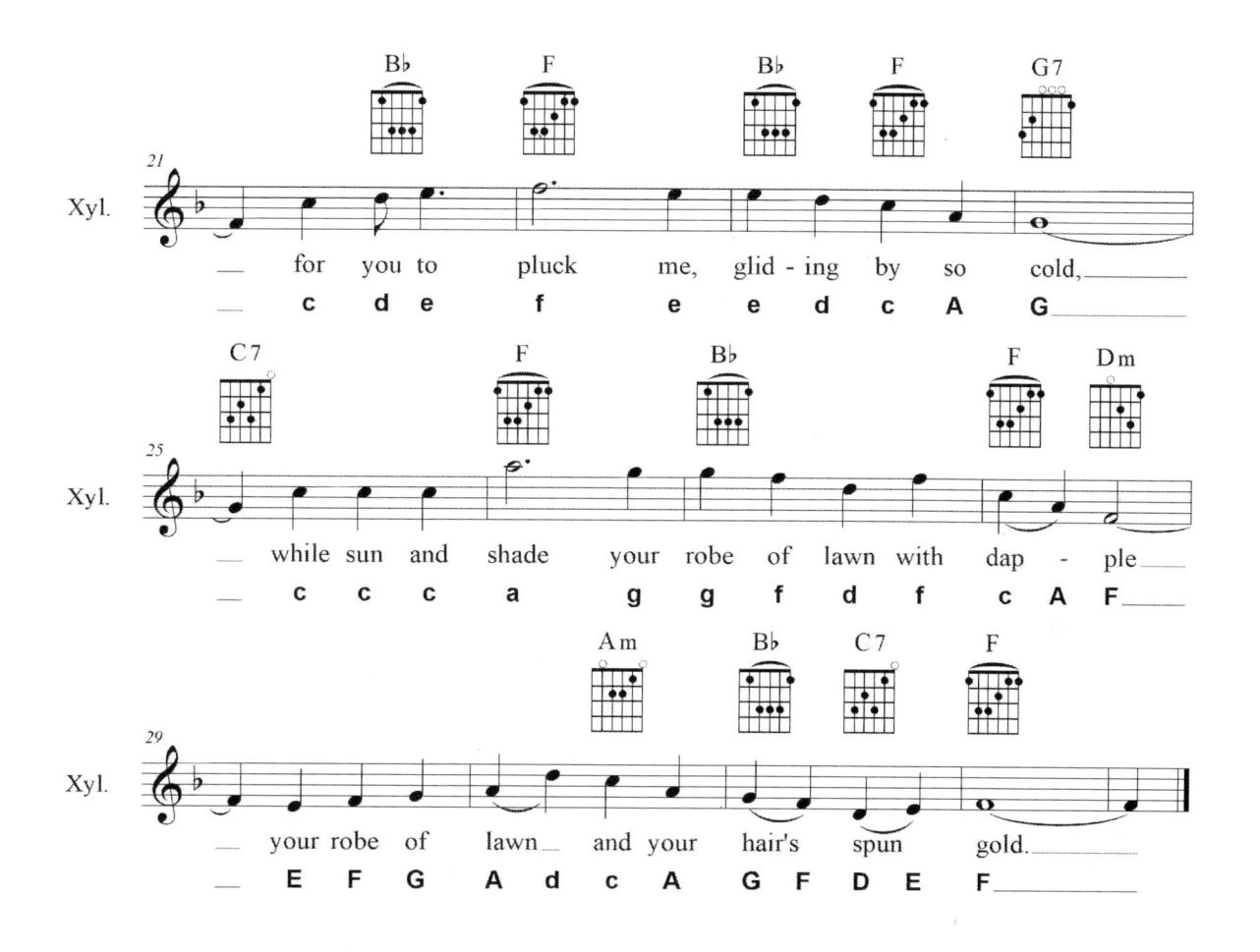

Xyl. (m. 21)

for you to pluck me, glid-ing by so cold,
c   d   e   f   e   e   d   c   A   G

| C7 | F | Bb | F | Dm |

Xyl. (m. 25)

while sun and shade your robe of lawn with dap - ple
c   c   c   a   g   g   f   d   f   c   A   F

| Am | Bb | C7 | F |

Xyl. (m. 29)

your robe of lawn and your hair's spun gold.
E   F   G   A   d   c   A   G   F   D   E   F

A Tisket A Tasket

Nursery rhyme

Xylophone

A	tisk	-	et	a	task	-	et,	a
G	G		E	A	G		E	F

green and yel - low bask - et, I
G   G   E   A   G   E   E

wrote a let - ter to my love and
F   F   D   D   F   F   D   D

on the way I dropped it.
G   F   E   D   E   C

Aloha Oe

Liliʻuokalani

Xylophone

D G B　A G F# G E D　　D E　A G F# B A G

Ha-a-heo ka u-a i-na pali. Ke hihi a-e-la ka na-hele. E ha-
D G B　A G F# G E D　　B A G#A A c B A　D G

ha-i ana i ka liko. Pu-a A-hi-hi le-hu-a o uka.
B　A G F# G E D　　D D E　A G F# B A F#　G____

A-lo-ha o - e, a-lo-ha o - e. E ke o-na-o-na no-ho i-ka
G G F# E G c E E E　D G B G G F# F# F#　G A G# A c

li - po. A fond em-brace a ho-i a-e au. Un-til we meet a-gain.
B　G F# E G c　E D D G G B　G F#　G B A F# G

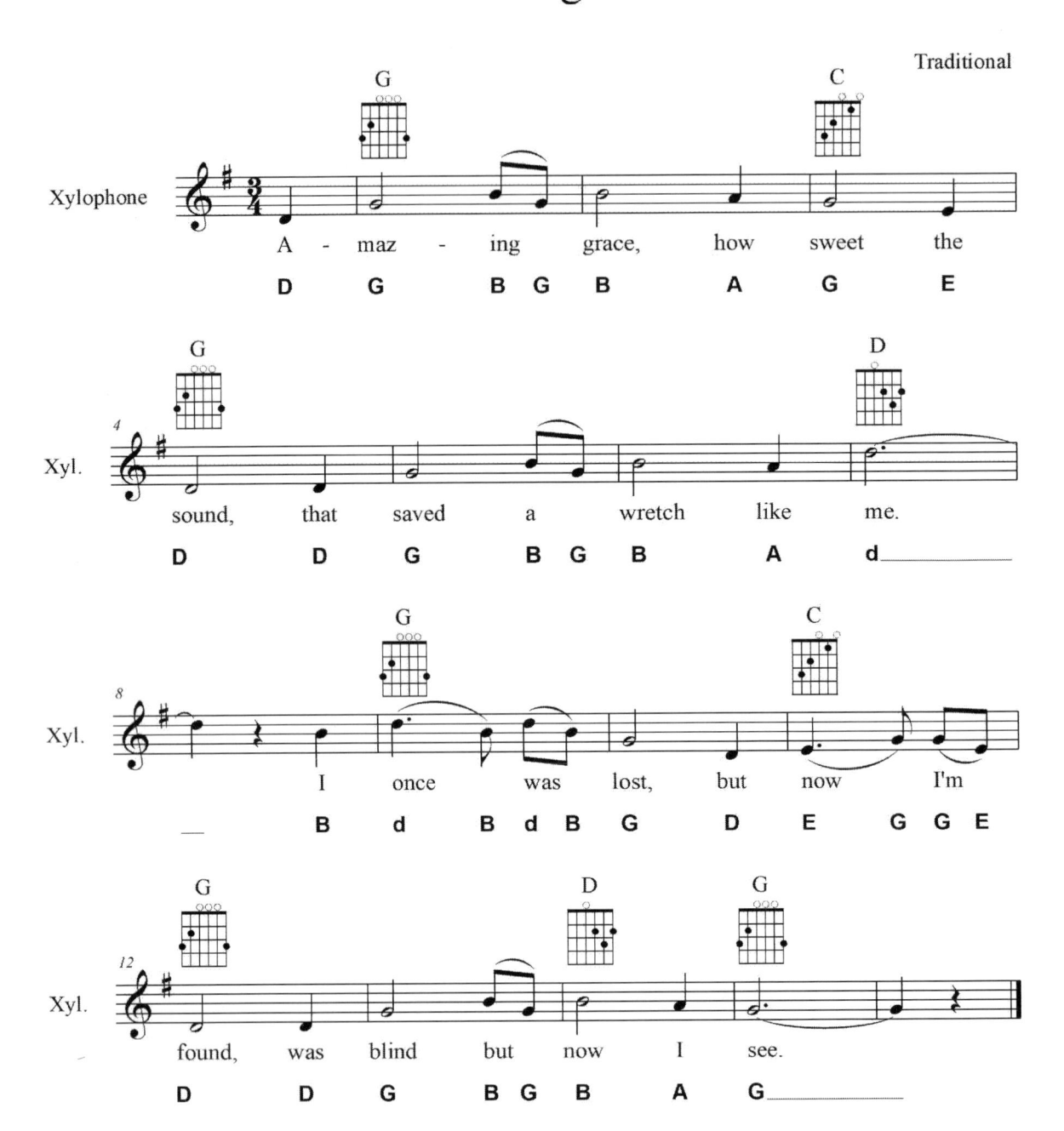

Amazing Grace

Traditional

Xylophone

A - maz - ing grace, how sweet the
D G B G B A G E

sound, that saved a wretch like me.
D D G B G B A d____

I once was lost, but now I'm
B d B d B G D E G G E

found, was blind but now I see.
D D G B G B A G____

Auld Lang Syne

Traditional

Aura Lee

Traditional

Xylophon

As the black-bird in the spring, 'neath the wil-low tree,
G c B c d A d c B A B c

sat and piped, I heard him sing, prais-ing Au-ra Lee.
G c B c d A d c B A B c

Refrain:
Au-ra Lee! Au-ra Lee! Maid with gol-den hair.
e e e e e e e d c d e

Sun-shine came a-long with thee and swallows in the hair.
e e f e d A d c B e d c

Baa Baa Black Sheep

Traditional

Xylophone

Baa, baa, black sheep, have you an-y wool?
G G d d e f# g e d

Yes sir, yes sir, three bags full.
c c B B A A G

One for the mas-ter, one for the dame, and
d d d c c B B B A A

one for the lit-tle boy, who lives down the lane.
d d d c d e c B A A G

Bajuschki baju (sleep little boy)

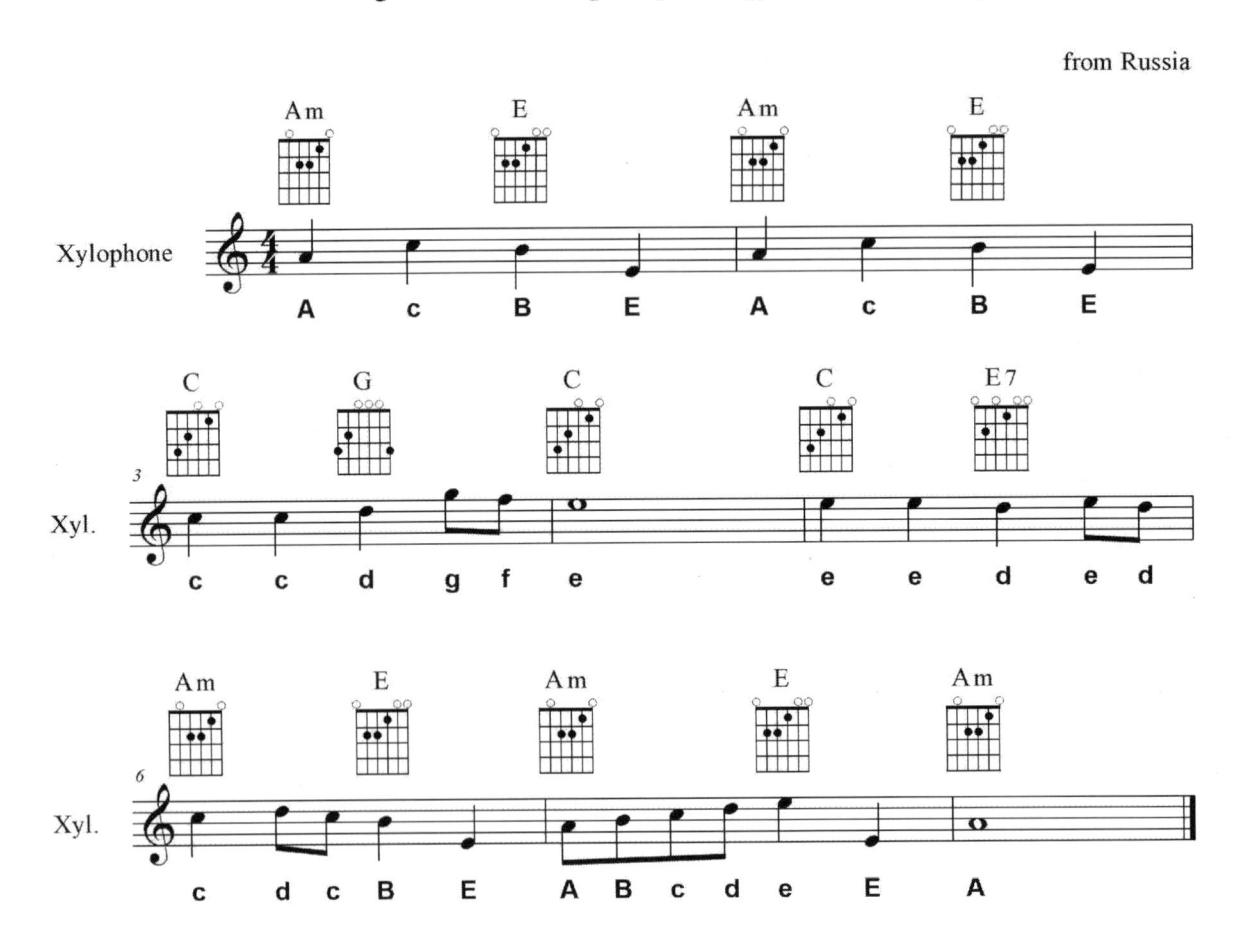

from Russia

Beautiful Minka

Russian folk song

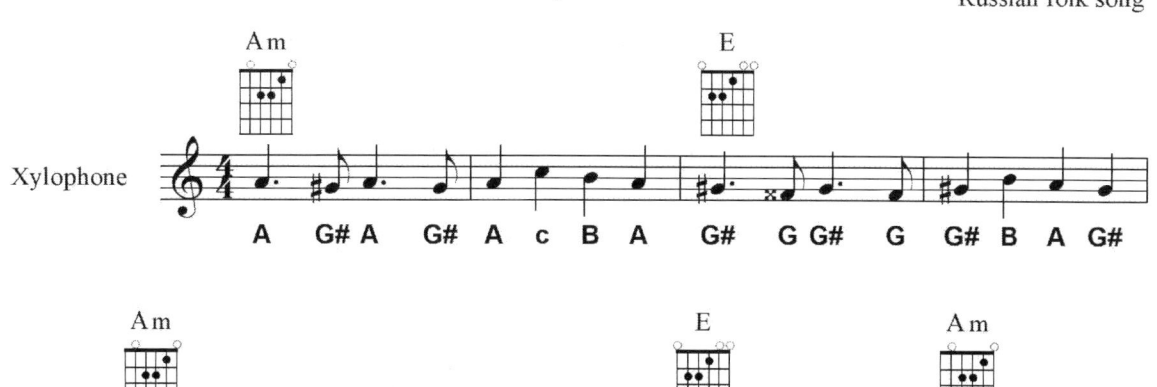

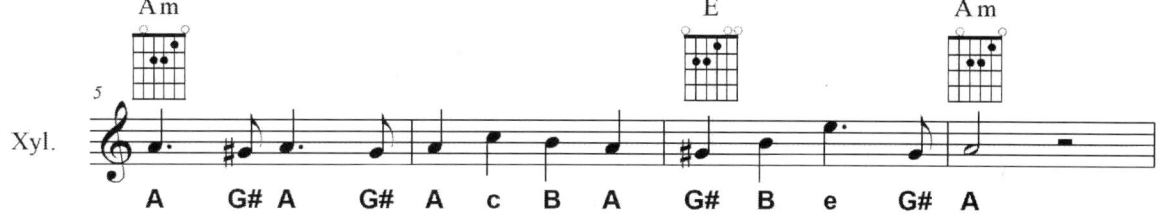

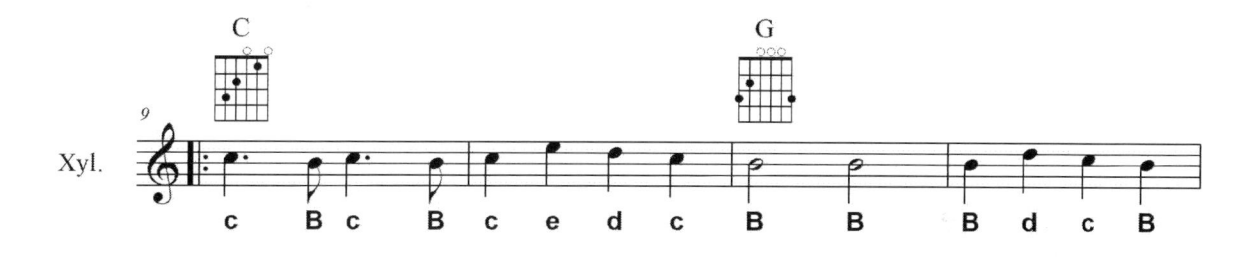

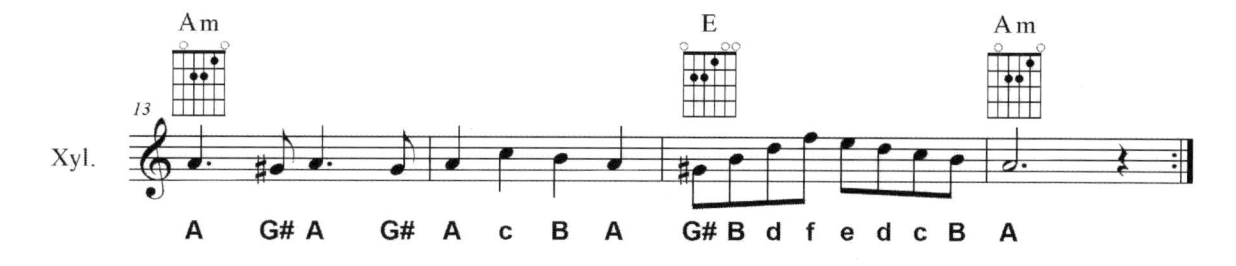

Bingo

Folk song

Xylophone

There was a farm-er had a dog, And
D   G   G   D   D   E   E   D   D

Bin - go was his name - o. B - I - N - G - O!
G   G   A   A   B   G   B   B   c   c   c

B - I - N - G - O!   B - I -
A   A   B   B   B   G   G

N - G - O! And Bin - go was his name - o!
A   A   A   G   F#   D   E   F#   G   G

16

Bye, Baby Bunting

Nursery rhyme and lullaby

C

Xylophone:

Bye, ba - by bun - ting,
G   E   A   G   E

Dad - dy's gone a - hunt - ing.
G   G   E   A   G   E

Gone to get a rab - bit skin to
G   G   E   E   G   G   E   E

wrap the ba - by bun - ting in.
G   G   E   A   G   G   E

Careless Love

Traditional

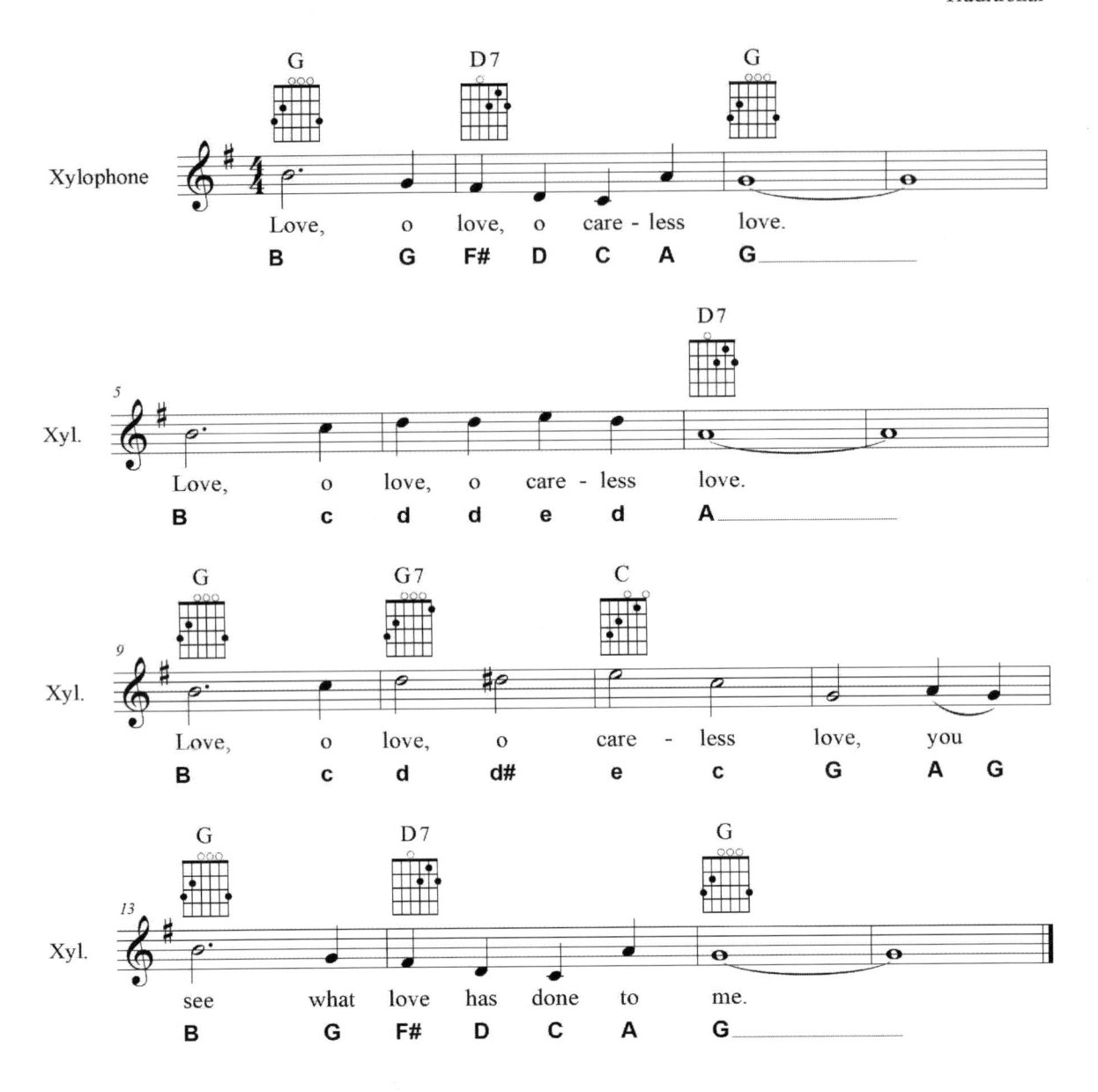

Xylophone

| G | D7 | G |

Love, o love, o care - less love.
B G F# D C A G

Xyl. (5)

| D7 |

Love, o love, o care - less love.
B c d d e d A

Xyl. (9)

| G | G7 | C |

Love, o love, o care - less love, you
B c d d# e c G A G

Xyl. (13)

| G | D7 | G |

see what love has done to me.
B G F# D C A G

18

Cock a doodle doo

Nursery rhyme

Xylophone

Cock a doo - dle do, my
C E E D E E

Xyl.

dame has lost her shoe, my
C E E D E G

Xyl.

mast - er's lost his fid - dle - stick, and
c c B A G E C D

Xyl.

knows not what to do.
E G E D C

19

Drunken Sailor

Traditional

Five Little Ducks

American folk song

Xylophone

Five	lit-tle	ducks	went	out	one	day,
e	G G	G	e	e	d	d

o-ver	the	hills	and	far	a-way.
d	G G	G	d	d	c c

Moth-er	Duck	said:	"Quack,	quack,	quack,	quack",	but
e e	G	G	e	e	d	d	d

on-ly	four	lit-tle	ducks	came	back.
g g	g	g f	e	c	c

Go down, Moses

Traditional

Xylophone

When Is-rael was in E-gypt's land: Let my peo-ple go, op-
E c c B B c c___ A E E G# G# A E

press'd so hard they could not___ stand, let my peo-ple go!
c c B B c c___ A E E G# G# A

Refrain:

Go down, Mo-ses,___ way down in E-gypt's land.___
A A___ d d___ e e d e e___ d c B

Tell old___ Pha-ra-oh, let my peo-ple go!
c A___ c A A E E G# G# A

Go, tell it on the Mountain

Spiritual

Xylophone

Go tell it on the moun-tain, o-ver the hills and ev-'ry-where;
B   B A G E D   G   A A A G A   B G E   D

Go tell it on the moun - tain, that Je-sus Christ is born. *Fine*
B   B A G E D   G   c   B B A G A   G

When I was a seek-er, I sought both night and day, I
B   d   d   e   d   B   B   A   A   G   A   B   B

asked the Lord to help me, and He showed me the way.
B   d   d   e   d   B   G   A   G   F#   E   D   d

23

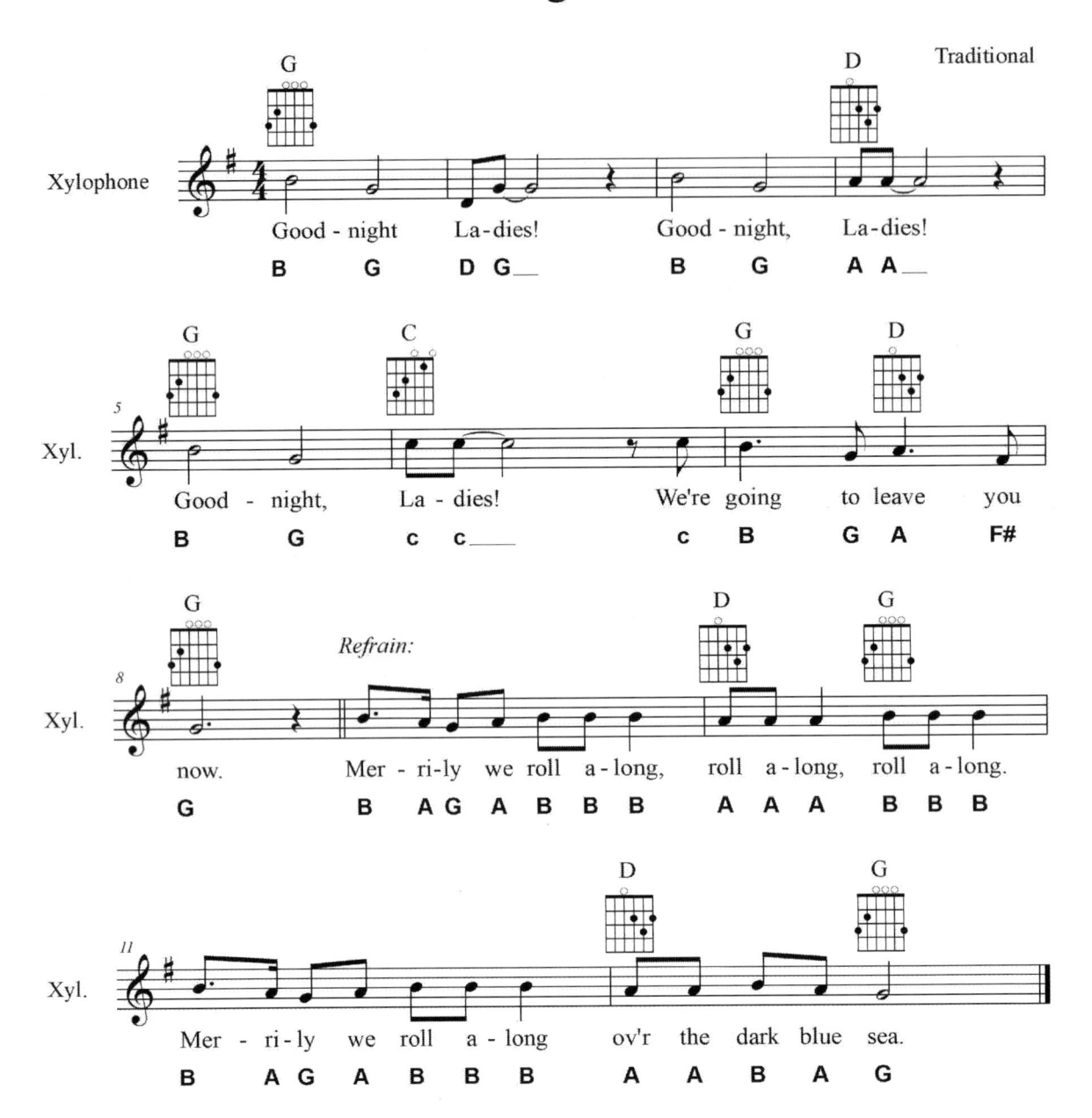

Goodnight Ladies

Traditional

Xylophone

Good - night La - dies! Good - night, La - dies!
B   G   D G   B   G   A A

Good - night, La - dies! We're going to leave you
B   G   c c   c B   G A   F#

Refrain:
now. Mer - ri - ly we roll a - long, roll a - long, roll a - long.
G   B   A G A B   B   B   A A   A   B   B   B

Mer - ri - ly we roll a - long ov'r the dark blue sea.
B   A G A B   B   B   A   A   B   A   G

24

Grand Prix Eurovision de la Chanson

Melodie: M. Charpentier
(1643 - 1704)

Greensleeves

Traditional

Here We Go Looby Loo

Folk song

Here we go Loo - by Loo___ Here we go Loo - by light___
C   C   C E   C   G___   C   C   C E   C   D___

Here we go Loo - by Loo___ All on a Sat - ur - day night.___ I
C   C   C E   C   G___   G   A   G   F   E   D   C___   C

put my right hand in___ I put my right hand out___ I
C   C   E   C   G___   C   C   C   E   C   D___   C

give my right hand a shake, shake, shake and turn my-self a - bout.
C   C   E   C   E G   G   G   G   G   F   E   D   C___

He's got the whole world in His hand

Gospelsong

Xylophone

He's got the whole world in his hand, he's got the
c   c   A   c   A   F   c   d   c   c   c   A

whole wide world in His hand, He's got the whole world
Bb   **Bb**   **G E**   c   d   c   c   c   **A**   c   **A F**

in His hand He's got the whole world in His hand.
c   d   c   c   c   **A**   c   c   **Bb G**   **F**

Hickety Pickety My Black Hen

Nursery rhyme

Hick - e - ty pick - e - ty my black hen,
G F E G F E G A G

she lays eggs for gen - tle - men.
F D D C D E A G

Some - times nine and some - times ten.
C C C D E F G A

Hick - e - ty pick - e - ty my black hen.
G F E F E D C C C

Itsy Bitsy Spider

Nursery rhyme

Xylophone

The it-sy bit-sy spi-der climbed up the wa-ter-
G c c c c e e e d c d e

spout. Down came the rain and washed the spi-der out.
c e e f g g f e f g e

Out came the sun and dried up all the rain and the
c c d e e d c d e c G G

it-sy bit-sy spi-der climbed up the spout a-gain.
c c d e e e d c d e c

30

Jack and Jill

Nursery rhyme

Xylophone

Jack	and	Jill	went	up	the	hill	to
G	G	G	G	c	c	c	c

fetch	a	pail	of	wa	- ter;
d	d	d	c	e	c

Jack	fell	down	and	broke	his	crown,	and
G	G	G	G	A	A	A	A

Jill	came	tum	- bling	af	- ter.
G	F	E	D	E	C

Jingle Bells

James Lord Pierpont
(1822-1893)

John Brown's Body

Traditional

Xylophone

John Brown's bo - dy lies a - moul - dring in the grave,
G G E G c d e e e d c

John Brown's bo - dy lies a - moul - dring in the grave, John Brown's bo - dy lies a -
A A c B c A G A G E G G G E G c d

Refrain:

moul - dring in the grave, but his soul goes march - ing on.
e e e d c c c d d c B c

Glo - ry, glo - ry hal - le - lu - ja! Glo - ry, glo - ry ha - le - lu - ja!
G F E G c d e c A B c B c A G E

Glo - ry, glo - ry ha - le - lu - ja! But his soul goes march - ing on.
G F E G c d e d c c c d d c B c

33

Kalinka

Iwan Petrowitsch Larionow
(1860)

Kum Bah Yah

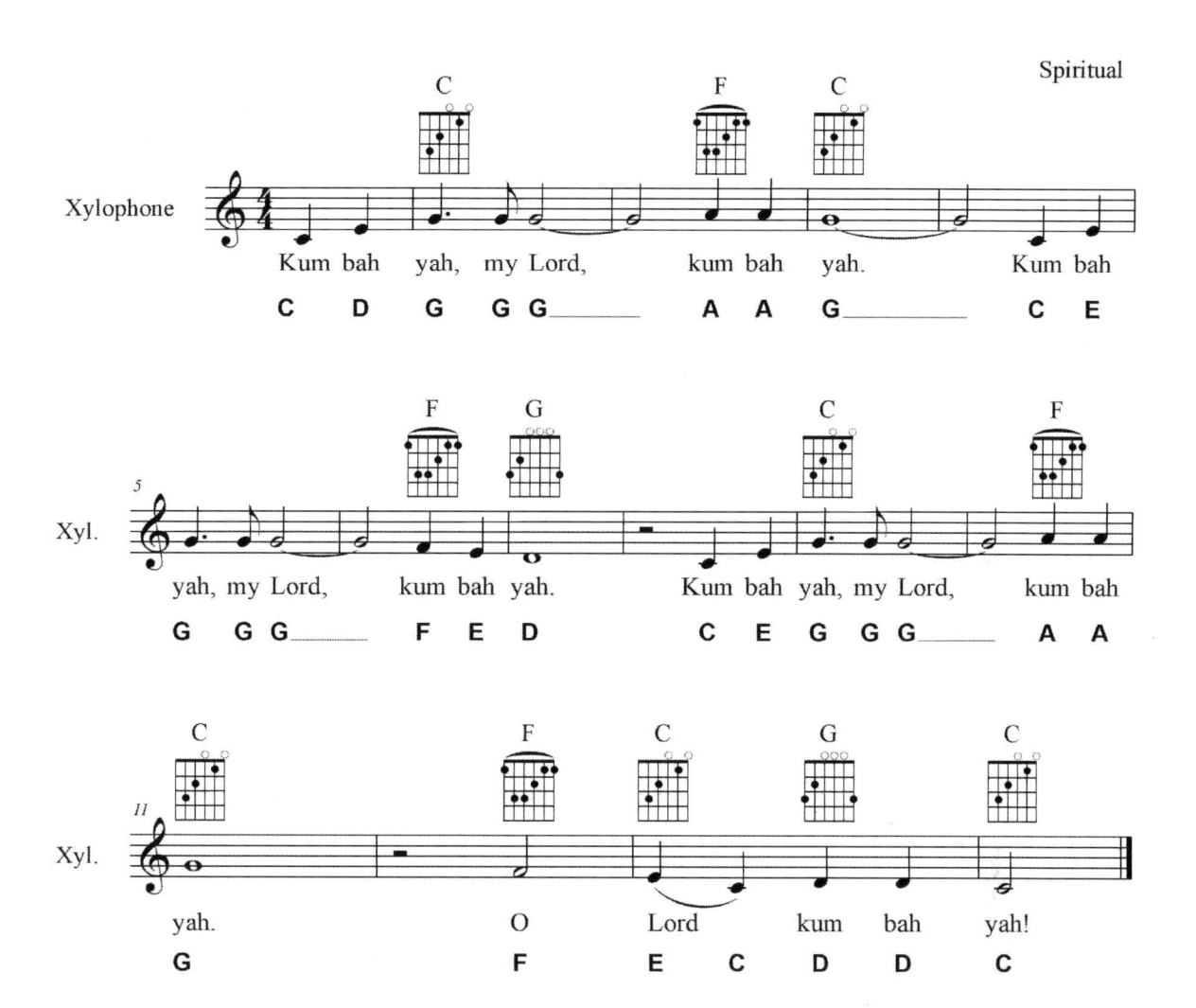

Spiritual

Xylophone

Kum bah yah, my Lord, kum bah yah. Kum bah
C   D   G   G   A   A   G   C   E

yah, my Lord, kum bah yah. Kum bah yah, my Lord, kum bah
G   G   F   E   D   C   E   G   G   A   A

yah.   O Lord kum bah yah!
G   F   E   C   D   D   C

35

La cucaracha

Mexican folk song

Little Miss Muffet

Nursery rhyme

Xylophone

Am | D | G | C

Lit - tle Miss Muf - fet sat on a tuf - fet,
c B c A   A B A B G G

Am | D | G

eat - ing her curds and whey;___ a -
c B c A A d___ B

Am | D | G | C

long came a spi - der, who sat down be - side her and
c B c A A A B A B G G G

Am | D | G

frigh - tened Miss Muf - fet a - way.
A c B A G F# G

Miss Polly Had a Dolly

Nursery rhyme

Xylophone

[C]
Miss Pol-ly had a dol-ly who was
G   c   c   c   c   c   d   e   c

[G]   [C]
sick, sick, sick. So she called for the doc-tor to come quick, quick, quick. The
d   G   G   G G   d   d   d d e f   d   e   c   c   G

[G]
doc - tor came with his bag and his hat. And he
c   c   c d e c   d   G G G   f   f

[C]   [G]   [C]
knocked on the door with a rat - tat - tat.
e   g   e   c   G   B   d   B   c   c   c

38

My Bonnie is over the Ocean

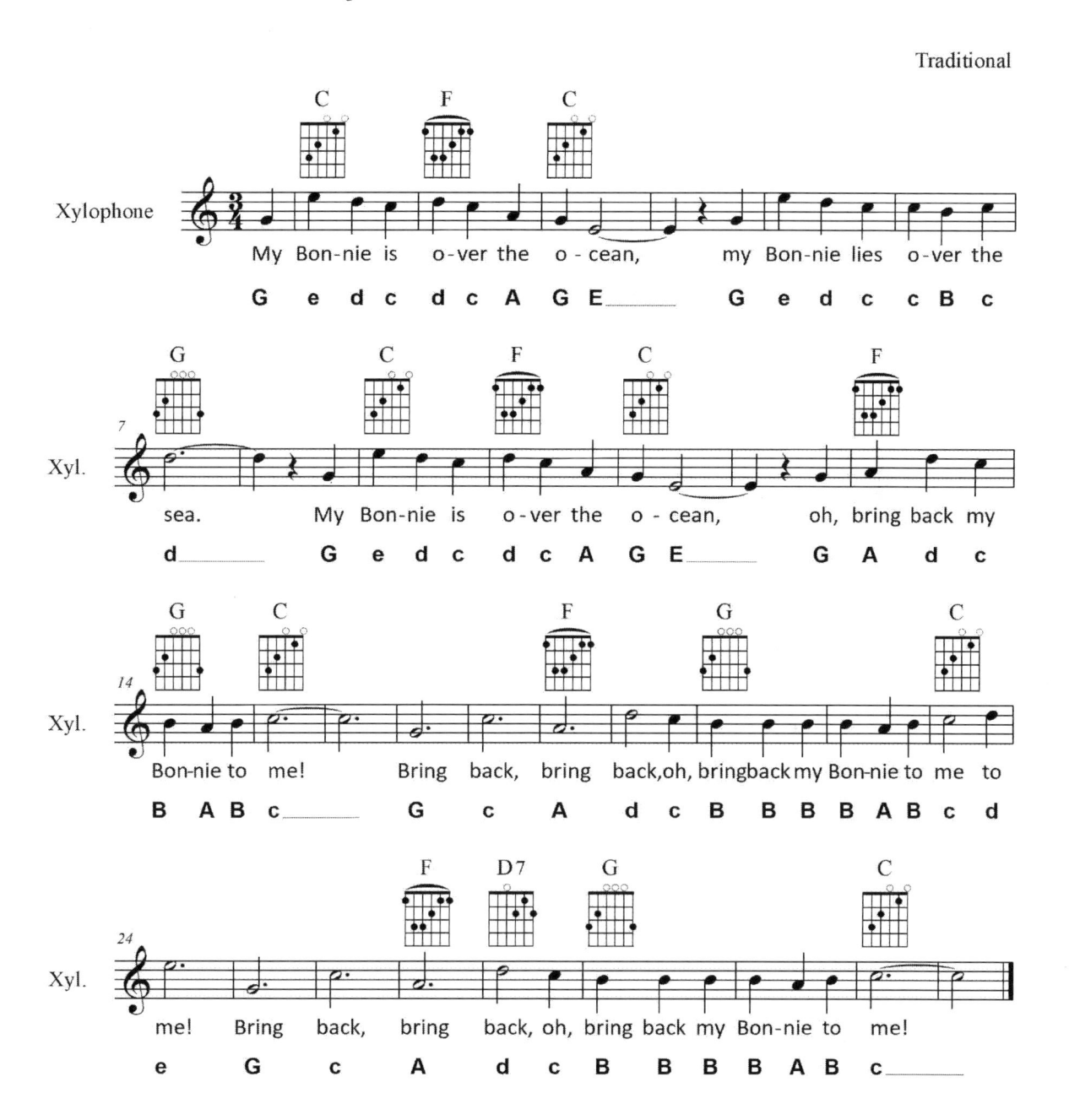

Traditional

O Mary Had a Little Lamb

Traditional

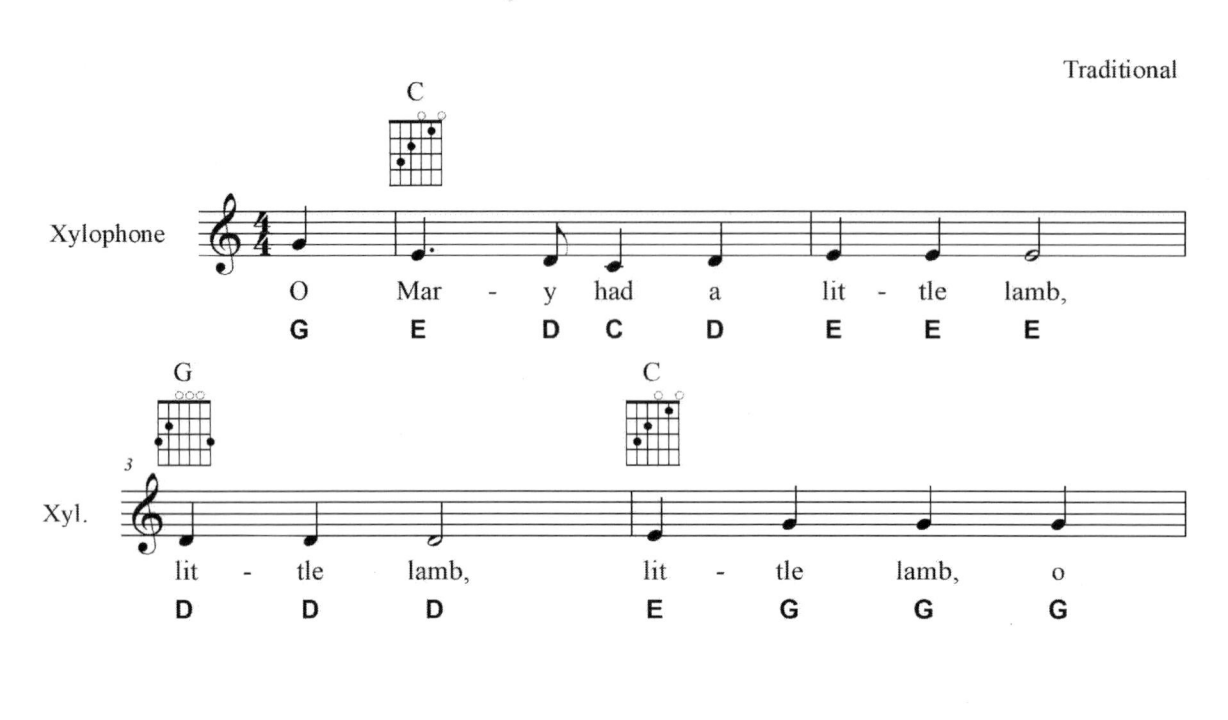

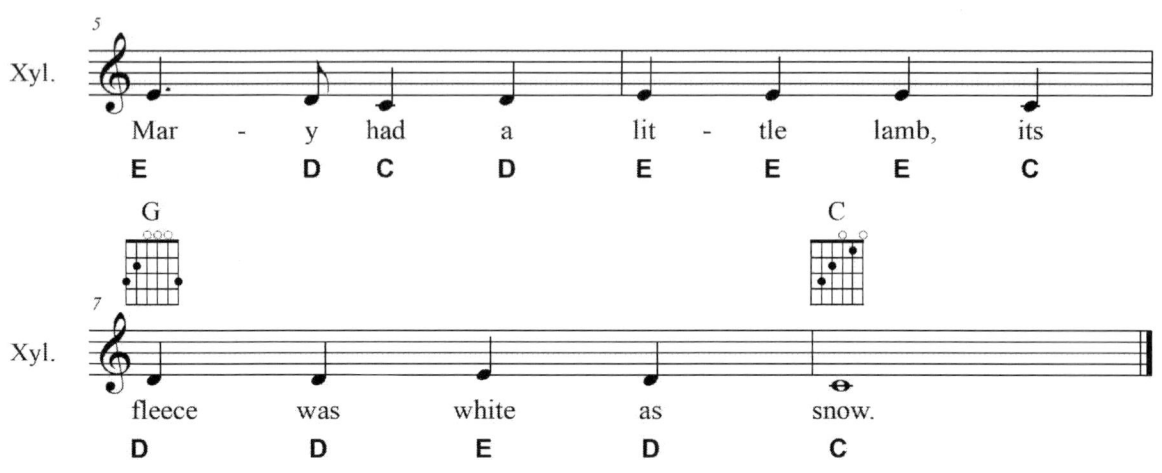

Xylophone

[C]
O Mar-y had a lit-tle lamb,
G E D C D E E E

[G] [C]
lit - tle lamb, lit - tle lamb, o
D D D E G G G

Mar - y had a lit - tle lamb, its
E D C D E E E C

[G] [C]
fleece was white as snow.
D D E D C

Oh my Darling, Clementine

American ballad

In a ca-vern, in a can-yon, ex-ca-vat - ing for a
G G G D   B B B G   G B d   d c B

mine, lived a mi-ner, for-ty ni - ner and his
A   A B c   c   d c B G   G B

dough-ter Cle-men - tine. *Refrain:* Oh, my dar - ling, oh, my
A D   F# A G   G G G D   B B

dar - ling, oh my dar - ling Cle-men - tine! Thou art
B G   G B d   d c B A   A B

lost and gone for - ev - er dread-ful sor - ry, Cle-men - tine.
c c   d c B G   G B A D   F# A G

Old MacDonald

Children's song

Xylophone

Old Mac - Don - ald had a farm,
G   G   G   D   E   E   D

ee - i - ee - i - o. And
B   B   A   A   G   D

on his farm he had a cow,
G   G   G   D   E   E   D

ee - i - ee - i - o.
B   B   A   A   G

On Top of Old Smoky

American folk song

Xylophone

On top of Old Smo - ky,
C C E G c A

all cov - ered with snow,
A F G A G

I lost my true lov - er,
C C E G G D

for court - in' too slow.
E F E D C

Row, Row, Row Your Boat

Nursery rhyme

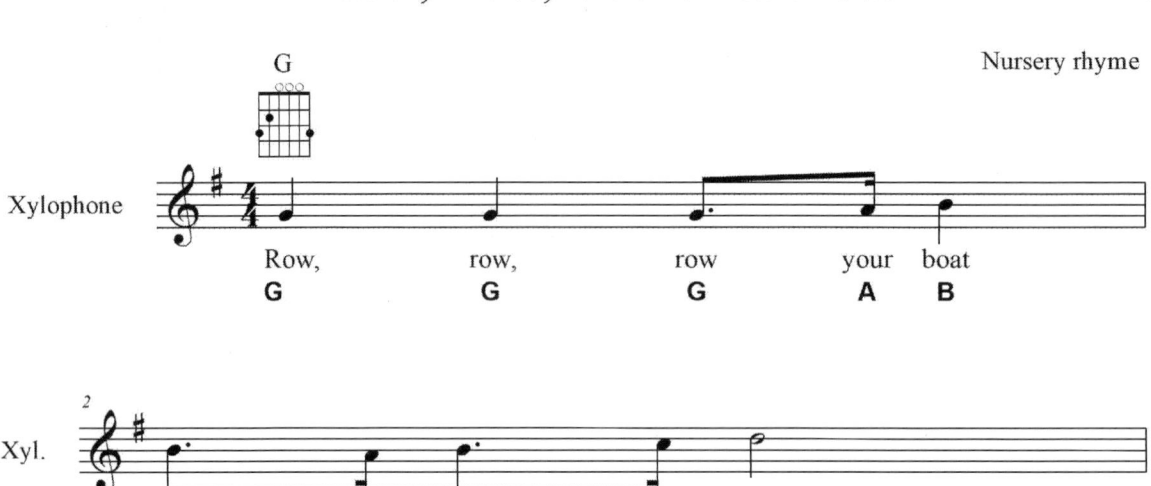

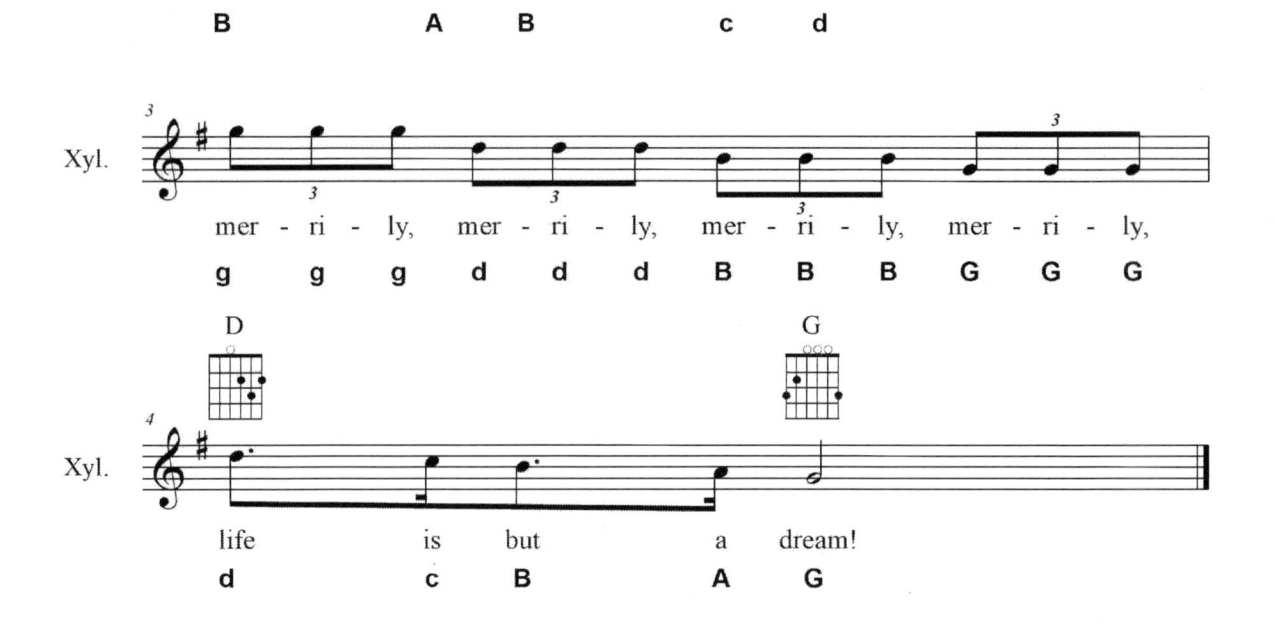

Xylophone

G

Row, row, row your boat
G G G A B

Xyl. 2

gent - ly down the stream;
B A B c d

Xyl. 3

mer - ri - ly, mer - ri - ly, mer - ri - ly, mer - ri - ly,
g g g d d d B B B G G G

D   G

Xyl. 4

life is but a dream!
d c B A G

Silent Night

Franz Xaver Gruber (1787–1863)
Joseph Mohr (1792–1848)

Si - lent night, ho - ly night, all is calm,
A B A F#   A B A F#   e e c#

all is bright. Round yon vir - gin moth - er and child,
d d A   B   B d c# B   A B A F#

ho - ly in - fant so ten - der and mild. Sleep in heav - en - ly
B B d c# B A B A F#   e e g e c#

peace, sleep in heav - en - ly peace.
d f# d A F# A G E D_____

45

Spanish Romance

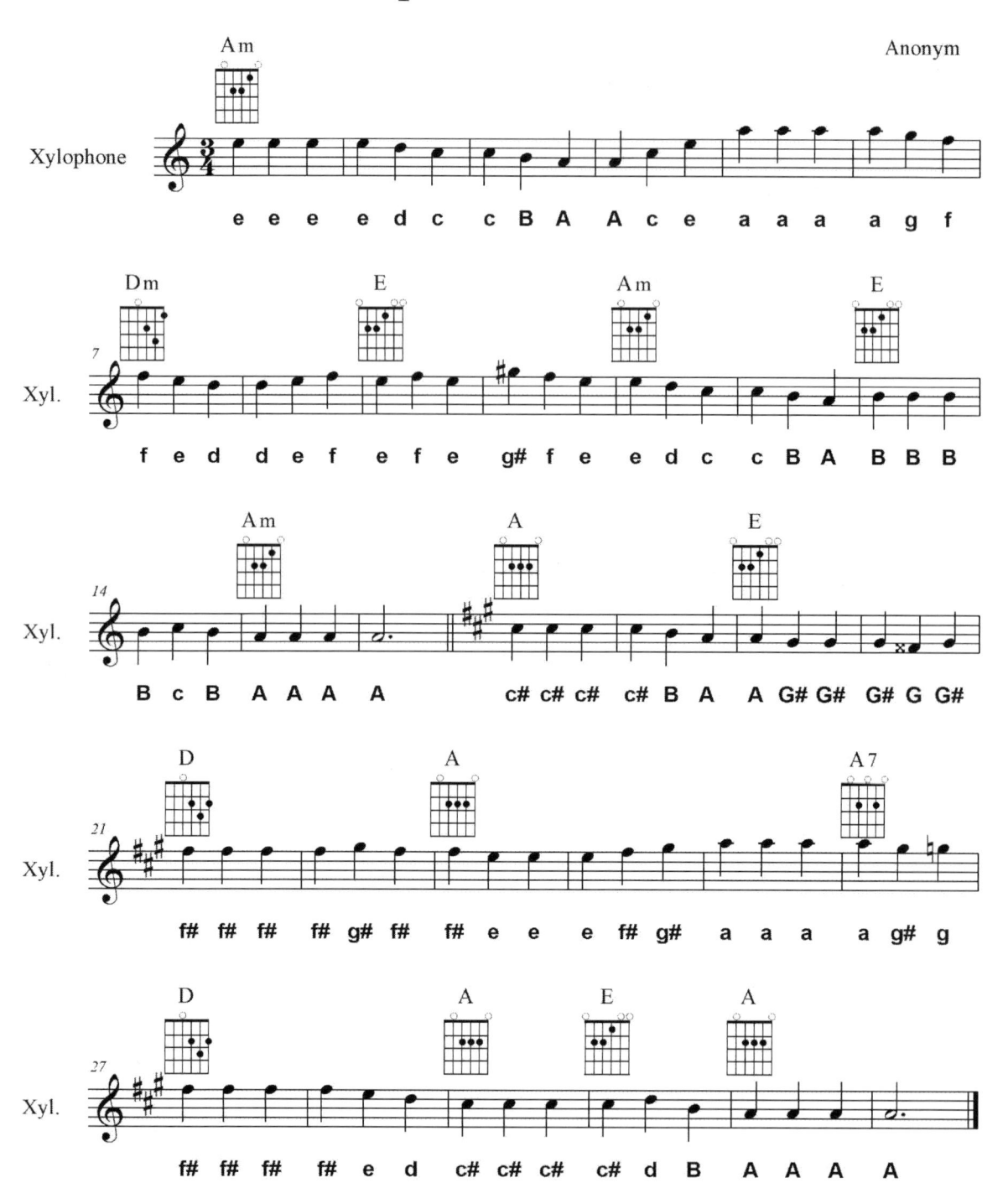

Anonym

Sur le pont d'Avignon

French folk song

Xylophone

Sur le pont d'A-vig-non l'on y dan-se, l'on y dan-se.
G G G A A A B c d G F# G A D

Sur le pont d'A-vig-non l'on y dan-se tout en round. Les
G G G A A A B c d G A F# G G

beaux mes-sieurs font comm' ça. Et puis en-core comm' ça.
G G G G A G G G G A G

Sur le pont d'A-vig-non l'on y dan-se, l'on y dan-se.
G G G A A A B c d G F# G A D

Sur le pont d'A-vig-non l'on y dan-se tout en round.
G G G A A A B c d G A F# G

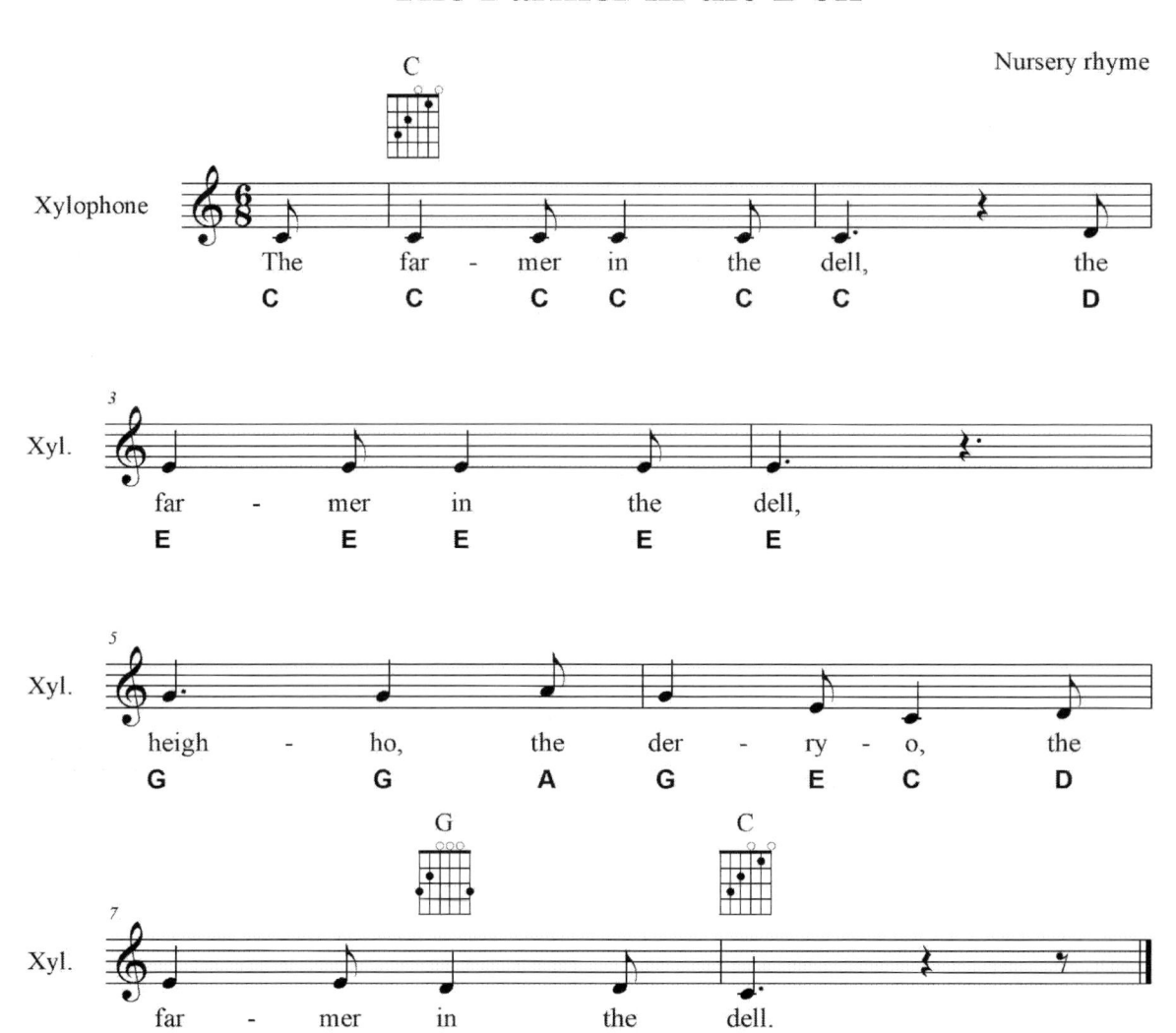

The Farmer in the Dell

Nursery rhyme

Xylophone

The far - mer in the dell, the
C   C   C   in C   C   D

far - mer in the dell,
E   E   E   E   E

heigh - ho, the der - ry - o, the
G   G   A   G   E   C   D

far - mer in the dell.
E   E   D   D   C

The Muffin Man

Children's song

[C] Oh, do you know the muf-fin man, the
c   G   c   c   d   e   c   c   B

[F] muf-fin man, the **[G]** muf-fin man, oh
A   d   d   c   B   G   G   c

[C] do you know the muf-fin man, who
G   c   c   d   e   c   c   B

[F] lives in **[G]** Dru-ry **[C]** Lane?
A   d   c   B   c

49

The Wheels On The Bus

American folk song

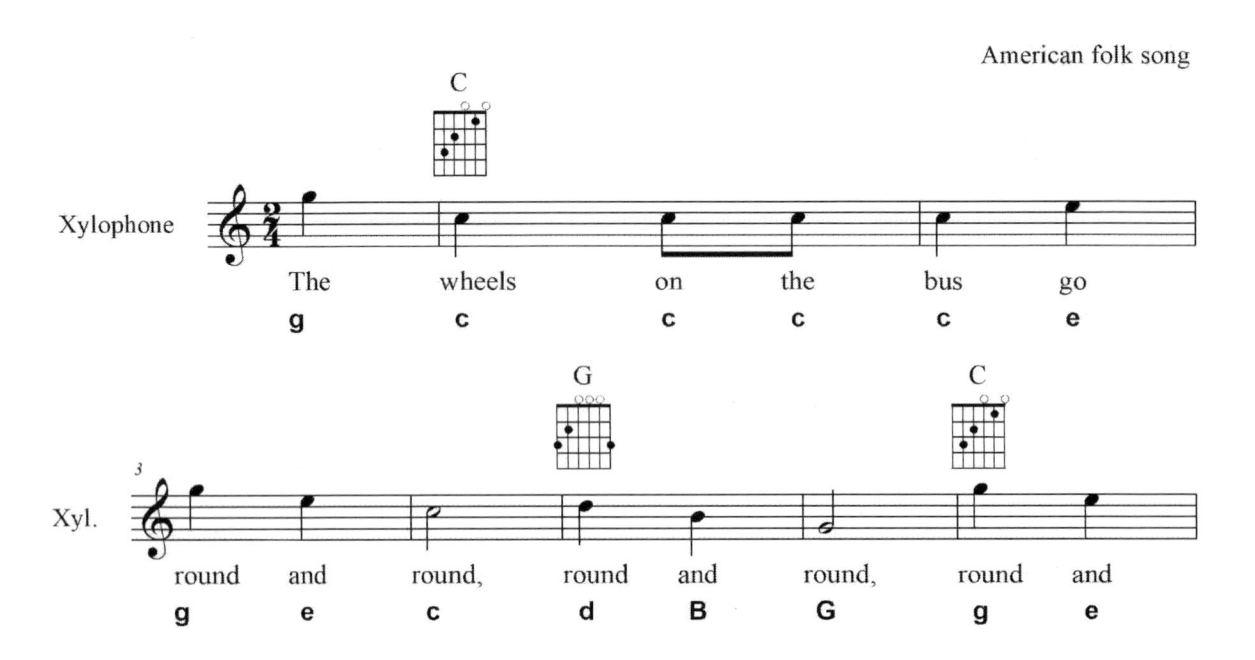

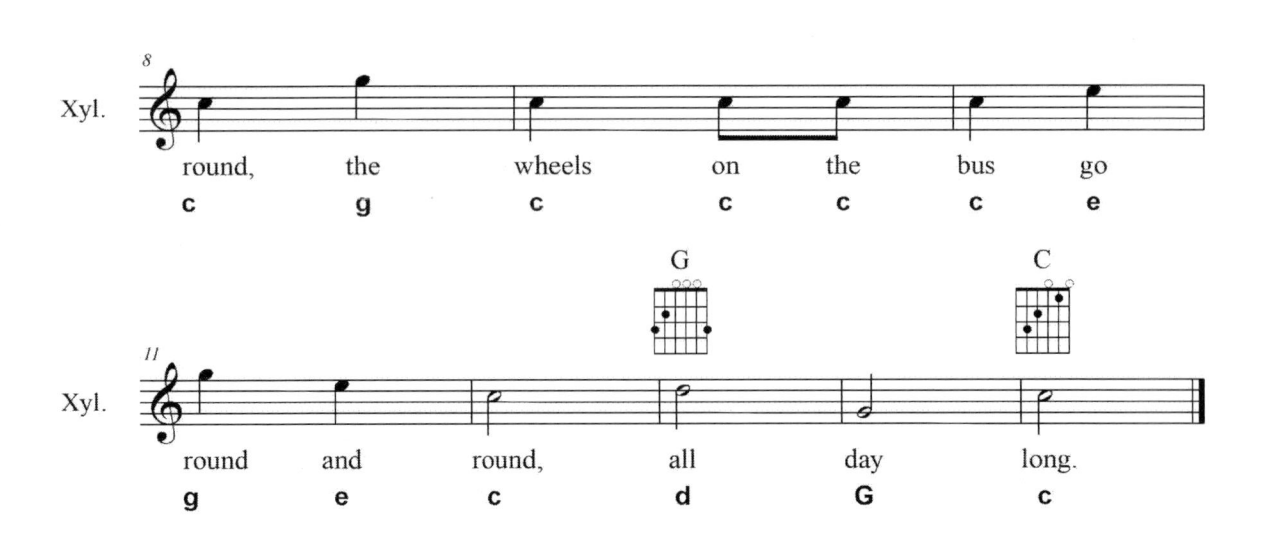

Xylophone

The	wheels	on	the	bus	go
g	c	c	c	c	e

round	and	round,	round	and	round,	round	and
g	e	c	d	B	G	g	e

round,	the	wheels	on	the	bus	go
c	g	c	c	c	c	e

round	and	round,	all	day	long.
g	e	c	d	G	c

There's a Hole in My Bucket

Children's song

There's a hole in the
G A B D D

bu - cket, dear Li - za, dear
E G D E G D

Li - za, There's a hole in the
E G G A B D D

bu - cket, dear Li - za, a hole.
E G D E G F# G

We wish you a merry Christmas

Christmas Carol

Xylophone

| G | C | A |

We wish you a Mer-ry Christ-mas, we wish you a Mer-ry
D G G A G F# E E E A B A G

| D | H7 | Em | C | D | G |

Christ-mas, we wish you a Mer-ry Chrst-mas and a Hap-py New Year!
F# D D B B c B A G E D D E A F# G

| G | D | A | D |

Good ti-dings we bring to you and your kin. We
D G G G F# F# G F# E D A

| G | D | A | D | G |

wish you a mer-ry Christ-mas and a Hap-py New Year!
B A A G G d D D D E A F# G

52

Whiskey in the Jar

Traditional

Xylophone

As I was go-ing o-ver the far famed Ker-ry moun-tains, I
F# A A A B A F# A B B B c# B F# A

met with Cap-tain Far-rel and his mo-ney he was count-ing. I first pro-duced my
B B B c# d d c# B A A d c# B F# A A A A B

pis-tol and I then pro-duced my ra-pier, saying stand and de-liv-er for you
A F# F# A B B B c# B F# A B B c# d d c# B

are a bold de-ceiv-er. Mu-sha ring dur-ram do dur-ram dah. Whack fol de
A A d c# B A F# D E E E E E E E F# F# E

dad-di-o, whack fol de dad-di-o, there's Whis-key in the jar.
F# G A B B A B c# d B A F# E F# D

53

Download

You can download all the songs:

www.gitarrenunterricht-bremerhaven.de/verlag/english_xylophon.zip

Printed in Great Britain
by Amazon